AF273582

Juan Poz

POZAFORISMOS

Prólogo de Luis Valdesueiro

Apeadero de Aforistas

cypress
CULTURA

1ª ed., mayo de 2024

Viñeta de portada: Ideograma de *Wú* o *Mu*, representación de lo invisible, de la ausencia. Figura en la lápida del cineasta Yasujiro Ozu.

ISBN: 978-84-127712-8-2
Depósito legal: SE 1050-2024

Una iniciativa de Apeadero de Aforistas
www.apeaderodeaforistas.es

Edita: Cypress Cultura

IMPRESO EN LA UNIÓN EUROPEA

PRÓLOGO

Al margen de la trasnochada definición de aforismo que ofrece el DLE —«Máxima o sentencia que se propone como pauta en alguna ciencia o arte»—, lo cierto es que actualmente ese término ampara textos de muy diversa índole, que solo avezados taxonomistas son capaces de clasificar. Por otra parte, algunos aforistas no renuncian a bautizar sus creaciones. Así tenemos los *aerolitos* de Ory, las *voces* de Porchia, las *huellas* de Guinda, los *sofismas* de Núñez, las *divinanzas* de Mateos, etc. Y, ahora, Juan Poz añade a la lista sus *pozaforismos*. Sabido es que en cualquier texto es posible encontrar aforismos. En los diarios íntimos suele ser frecuente que el autor condense su experiencia en una frase más o menos poética o filosófica. Los diarios de Renard, Amiel o Kafka son ejemplo de ello. Asimismo, algunos poetas dejan en sus versos aforismos memorables. Pero el aforismo exento tiene en sí mismo su fin: acabar, junto a otros tantos, en un libro únicamente de aforismos. Si escribir una frase feliz está al alcance de cualquiera, crear una ristra de aforismos felices no lo está.

Juan Poz es licenciado en Filología Hispánica por la Universidad de Barcelona. Desde finales de 2005, y hasta el presente, mantiene su bitácora *Diario de un artista desencajado*, excelente ejemplo de sus extensos y profundos saberes. Es, asimismo, autor de una novela inédita, *La manzana de Poz*. *Pozaforismos* es su primer libro de aforismos. Lo primero que deslumbra al leerlos es la agudeza, el humor y el ingenio verbal (¡incluso en inglés!) que Poz derrocha en ellos. Su relación con las palabras y su significado es absolutamente lúdica y creativa. Fruto del ingenio verbal son las abundantes paronomasias («Juan Ramón poseía la poesía»…), hasta el punto de que el propio Poz, sorprendido, escribe: «Qué ironía que "facilidad" y "felicidad" sean voces tan próximas y tan poco prójimas». Tampoco faltan los juegos de palabras, las paradojas, los neologismos, la burla del lugar común, todo ello puesto al servicio de una voluntad lúdica, irónica y punzante. Para la antidialéctica política, Poz propone este neologismo: *responsabulidad*, que significa «defenderse con bulos». Y, ciertamente, donde falta la responsabilidad, a veces sobra la *responsabulidad*.

Varios aforismos indagan la propia esencia del aforismo. Poz propone esta definición: «El aforismo es poesía reprimida», de lo que se deduce que el aforismo algo tiene de poesía, aunque menguada. Pero lo que, según Poz, define verdaderamente a los aforismos es que provoquen. De otro modo, serían *alfombrismos*. Los pozaforismos de Poz abarcan los temas más variados, sin que falte algún guiño literario: «Lo insoportable de verdad es la leve edad del ser».

A Juan Poz le gusta poner nombre a cosas que carecían de él. Y a veces tiene uno la impresión de que, a lomos de su ingenio, las palabras le arrastran y le imponen lo que quieren decir, haciendo realidad el aforismo de Carlos Pujol: «Escribimos lo que deciden las palabras». Hay que estar muy alerta al leer estos pozaforismos porque en cualquier momento nos asalta –libre– la liebre.

LUIS VALDESUEIRO

6

Con el ingenio ocurre como con la música:
cuanto más se escucha, más fineza se le exige.

G. Ch. Lichtenberg

¿El aforismo? Fuego sin llama.
Se entiende que nadie quiera calentarse en él.

Emile Cioran

A Mercedes Mas, por todo y por siempre. *Vid.* «Pareja»

A mi hermano Pedro, emblema del desengaño,
 in memorian et ab imo pectore.

A Lucas y Marcela, con esperanza.

La imaginación es la acrobacia de la razón.

*

El azar se esquiva a sí mismo.

*

Del ejercicio de la solemnidad no se sale indemne.

*

Solo música: mi fado relamido.

*

El orden es la pesadilla del azar; el azar, el sueño del orden.

*

El nihilismo no es hijo del desengaño, sino de las bodas bobas entre la ingenuidad y el entusiasmo.

*

Prometer nos esclaviza; no cumplir, nos aniquila.

Pasado, presente y futuro: los tres en raya, muerto seguro.

*

Las habladurías son el parlamentarismo de los necios.

*

Solo el verdadero amor mella los filos de la ironía.

*

La pedantería es el regüeldo del ahíto de lecturas.

*

¡Ay del corazón que solo es coraza!

*

Vivir de espaldas al tiempo es hacerlo de cara a la vida.

*

Hablar por hablar no multiplica, resta.

*

La duda nos hace libres; la deuda, esclavos.

Del estuco del yo nos salva el yo sin estudio.

*

Los ricos caídos en desgracia tienen *minordomo*.

*

El punto de fuga no tiene escape posible.

*

Ironía cosmopolita: servirse el güisqui con agua de *self*.

*

El papel en blanco es la savia del silencio; el silencio, la utopía de los bosques.

*

Con pasión no hay compasión.

*

A juzgar por su independencia e higiene, quizás deberíamos hablar de *gatoforismos*…

*

La poesía, tupida; la prosa, porosa.

11

El lector es una isla en el río del tiempo.

*

La vida solo tiene un sentido: el de las agujas del reloj.

*

El hoyo del yo: hacerse a sí mismo el vacío.

*

En el amor halla quien se pierde.

*

No hay odio sin un embotado oído.

*

Los *aforistmos* nos unen al continente de la perplejidad.

*

Nuestras vidas son palimpsestos que van a dar al silencio.

*

La senda de los años seda los daños…

Los seres anodinos tienen *autobviografías.*

*

Con razón son faroleros los hombres de pocas luces.

*

«Vida interior» llamamos a la ficción del yo.

*

Mientras mientas, simiente de sombras siembras.

*

La hamaca es la piragua de los sueños.

*

Las sonrisas irónicas son armónicos del silencio escogido.

*

Cuando se abre la veda de la vida, el yo se esconde en el corazón del bosque.

*

La *mísmica* es la mímica de los narcisos…

13

Generalizar cubre territorio, pero nunca captura la verdad.

*

Al *gin* y al cabo… se bebe para ensoberbecerse.

*

Nunca la Parca lo es más, parca, que al avisar de su llegada.

*

No hay escribir que no sea un es cribar.

*

¡Nada tan democrático como la mediocridad!

*

Solo los libros contienen verdades de tomo y lomo.

*

El yo es la unión indestructible de la copulación con la disyunción.

El tedio es una forma extraña de endiosamiento.

*

Nadie más desorientado que quien pierde el sentido del humor.

*

La cara es un arca de misterios.

*

Con las máximas nos consolamos cuando estamos bajo mínimos.

*

A unos les llega la jubilación; a otros les llaga.

*

¡Qué clarificador me ha parecido siempre, en «vivir la vida», lo que las gramáticas llaman «acusativo interno»!

*

Lo mejor de estar casado con la propia opinión son las relaciones adúlteras con la razón.

Epitaforismo: escribí más de lo que debía; leí menos de lo que deseaba.

*

La ceniza es la última palabra del fuego.

*

La sensiblería es el hirsutismo del sentimiento.

*

El aforismo marca la certeza de una incertidumbre.

*

La verbosidad es al aforismo lo que la falacia al silogismo.

*

Peores que los que se suben a la parra son los que se bajan a la parresia.

*

Quien ama deja de ser lo que era y deviene eros.

La intolerancia no tiene patria; pero todas nacen de ella.

*

La abnegación es rara praxis del narcisismo.

*

El aforismo es, entre la sombra y la luz, un prodigioso istmo.

*

La murmuración es un ir y venir de ratones por los zócalos del vestíbulo de la fama.

*

Todas las verdades del barquero están pasadas por agua.

*

Quizás la poesía aspire a ser música, pero ¿cómo no percibir los angustiosos esfuerzos de la música por llegar a articular siquiera una palabra?

*

Quien tiene una idea fija es flecha suspendida en el espacio, agua que nunca sube del pozo.

¡Ay, que las lecturas espigadas no son actos granados!

*

El aforismo es terreno de forajidos.

*

La nostalgia es un narcisismo diacrónico.

*

Hablar poco es siempre hablar demasiado.

*

Ningún encuentro más discordante y embarazoso que cruzarse por la escalera con quien silba una melodía distinta de la nuestra.

*

«La sombra no mancha», decía Juan Ramón. Menos la de la sospecha.

*

¿Tregua? Hacer migas con el enemigo.

Los exacerbados amores al terruño suelen devenir cuarteados terrones de la sequía de la razón.

*

¡El verdadero triunfo del fracaso no está al alcance de cualquiera!

*

«Lo callo» es la divisa del lacayo.

*

Jugar con los vocablos es hablar para silenciar la razón.

*

Al amor a primera vista prefiero el amor a mirada continua.

*

Hundirse en la masa es fundirse en el magma.

*

Hay quienes no conciben otra profundidad que la de un buen fondo de armario…

Museo de los *herrores*: el escritor maldito enredado en su redoma

*

¿No es candoroso que el «sujeto» se identifique con la libertad?

*

La democracia es la cura de humildad de la inteligencia.

*

Mejor es ser mediocre que mediático; el segundo está en la cima de la estulticia y el primero a medio camino de la ascensión a la montaña de la sabiduría.

*

De todos un poco, pero todo de ninguno.

*

Si hay libros que pueden resumirse en una palabra, hay palabras que no las agotan mil libros.

*

Ningún lío tan musical como el enredo.

La ley es el fracaso de la especie.

*

El plagio es la declaración de amor de un castrado.

*

El escriño de una mujer atesora su naturaleza telúrica.

*

*Often the course of History means the curse of History,
as everybody knows.*

*

Narcisismo musical: mi lado relamido.

*

El nihilismo no es hijo del desengaño, sino de las bodas
bobas entre la ingenuidad y el entusiasmo.

*

El aforismo tiene sed de frontispicio y hambre de
eternidad.

Arte de temblar y arte de templar: temple y temblor en el callar.

*

El final es el penúltimo nombre del inicio.

*

La soledad en la multitud es el espejo roto del narcisista.

*

Ninguna crueldad mayor para con un escritor que acusarlo de no ser hombre de palabra.

*

A la vejez, viajes.

*

¡Qué cruz, el cristianismo de consumo!

*

La novela es el refugio de personajes que temen salir a la vida real.

La mentira es la dimensión intelectual del impulsivo embuste.

*

La idiosincrasia es la mancomunidad de los lugares comunes.

*

Paradigma de falacia: progreso moral.

*

La *clueldad* es una crueldad en clave.

*

Frente a la droga adrenalínica del odio, el perdón es un insípido chicle de endorfina.

*

Poco certeros, paradójicamente, son los flechazos de Eros.

*

No siempre la libertad de expresión implica la expresión de la libertad.

El sueño de la razón: madre patria.

*

El conocimiento es una cima hacia la que se asciende por laderas de hielo.

*

La vejez y la niñez siempre dejan un sólido rastro de migas…

*

En la duermevela engendró Heráclito su ciencia de los opuestos.

*

¡Cuánto tiene el tálamo de cuadrilátero!

*

Candorosa ficción la del realismo.

*

Hay aforismos melismáticos; pero no melismas aforísticos.

Por propia que crea el narrador su voz, siempre hay en ella no poco de la voz de su amo.

*

En el insomnio crecen espejismos de durmientes que se sueñan insomnes.

*

En modo alguno el fanático es ferviente devoto del aticismo.

*

Soy, luego insisto.

*

La muerte es la repetición sin esperanza.

*

El mayor éxito de la ironía es también su gran fracaso: pasar desapercibida.

*

Solo un gañán puede desgañitarse.

Nunca nadie se ve en medio del miedo.

*

«Me enerva el búho sobre el olivo», dijo, sosegada, Minerva.

*

Es bueno crear tradiciones; y óptimo romperlas.

*

¡Conservar la conversación!

*

A la plenitud solo se llega cuando la verdad se hace beldad.

*

¡Qué permeables fronteras, las del aforismo forajido!

*

En el blanco luminoso de la página, ¡con qué agudo poder se recorta la clara sombra enigmática del aforismo!

No existe la dicha muda.

*

¿No es lo mismo mudarse que enmudecer?

*

Literatura es uno de los muchos nombres de la realidad.

*

¡Ah, cómo temo la sigilosa traición de la distracción!

*

No agrada quien no agradece.

*

Telegrama: De tener razón, lo urgente es detener razón.

*

Somos lo que decimos que somos.

*

Decía Antonio Pérez: «el cerco de los dientes, para miedo de la lengua». Por eso los viejos, algunos, son tan deslenguados…

La sabiduría es *sanaduría*.

*

¿Evolución *o evil*eción?

No hay alegoría sin alegría.

*

La poesía sin imágenes es muda, y sus lectores, ciegos.

*

Nada importa nada, devenga todo.

*

Soñar en blanco es la verdadera pesadilla.

*

De la boda morganática entre el aforismo y la emoción solo nace el fruto borde de la cursilería.

*

Las únicas canas venerables son las devotas de Venus.

Desorientación: Retrospectiva de las Vanguardias.

*

Longevidad y no brevedad es la esencia del aforismo.

*

Cárcel deseada es el rencor, y reclusión perpetua, si es eterno.

*

Quienes huyen de la rigidez jerárquica se pierden en la maleada molicie del desorden.

*

El aforismo no es lección, sino dicción.

*

Frente al intelectual, el *intelector*, ¡siempre!

*

El infierno solo se halla en el lugar común.

*

El lugar común es la tumba del yo.

Ni la poesía es ficción, según Gamoneda, ni, según lo obvio, el aforismo es pensamiento. Ambos son, si acaso, biográfica confesión.

*

En el diccionario no se halla ni un hálito de vida.

*

Hay pasiones elevadas al cubo que viven seres cuyos destinos se agitan en el fondo de un cubilete.

*

O se asiente o se disiente, pero con el aforismo no se dialoga.

*

A la mujer que «no le pasa *nada*», se le amontona *todo*.

*

Si del fracaso y del dolor se aprende, ¿por qué nos empeñamos en alejar de ellos a nuestros hijos?

*

También la res tiene ser.

Un engorro no nos cubre la cabeza...

*

El aporo no es un apuro mal escrito. .

*

Batimán no es el hermano francés de Batman...

*

Carlear no es el grito de Carlos...

*

La degollina nunca es de inocentes...

*

Un fuguillas rara vez huye...

*

Himpar no es lo contrario de par...

*

¿Se caza al vuelo qué no funciona en el enunciado:
«las funciones de la literatura...»?

Expresarse es exprimirse.

*

El sospir és un tendre crit d'ajut.

*

Desorientación: la utopía es un tópico.

*

Su misión no pudo burlar la derrota.

*

¡Que árbitro y arbitrariedad se alimenten de la misma raíz…!

*

La contigüidad fecunda: error, horror; velar, valer; saber, sabor, sobar; hombre, hambre; yo, ya…

*

Se ignora que el cáustico ayuda a cauterizar la herida en que vierte su mordacidad.

¡Artes muy distintas son las del artero y la del artista!

*

Las enumeraciones las carga el diablo
economicopoliticoysocial.

*

Las utopías son el catecismo de los desnortados.

*

No crecen los berros en los barros.

*

Las enseñas nacionales, a menudo, son los sudarios de
la razón y los pañales de la senectud.

*

El músico narciso solo compone en mi mayor.

*

A menudo la vanidad del aforista lo es literalmente:
oquedad.

Las palabras nos complican la vida. La palabra nos la salva.

*

Las verdades del barquero son de corto recorrido.

*

La pedantería es la indigestión del saber.

*

Manifestación nazi: perfecta alineación de alienados.

*

Perplejidad: resabios de ignorante...

*

Si el sueño de la razón produce monstruos; el de la sinrazón, cadáveres.

*

El olvido es un recuerdo perezoso.

La ocasión hace, como el ocaso, ostentación de su propia muerte.

*

La entereza es una de las máscaras de la identidad.

*

La costumbre siempre besa con tibieza.

*

Pensar es pesar y penar.

*

Mentira galopante: vida corriente.

*

Las palabras son el camino más corto entre dos malentendidos.

*

¡Qué abismo, fálicamente, entre las doce en punto y las seis y media!

Desmesura del orgullo hacendoso: ordenar los recuerdos.

*

No es cuerdo quien solo vive de recuerdos.

*

La autobiografía es una previsora gestión de los residuos.

*

¡La fatuidad de la factualidad!

*

¡La severa, la deletérea, la estricta estricnina!

*

Los tradicionalistas usan la lógica *rancional*.

*

Cualquier pregunta es un arma de hoja corta y un ancho mar de respuestas.

Hay agraciados la mar de sosos.

*

¡Cuánto tiene la idea de ida errática y sin vuelta!

*

¡El terrible éxodo del sexo!

*

Los escoliastas se convierten, muy a menudo, en la escoliosis ideológica del autor a quien pretenden entender rectamente.

*

La paz de espíritu es un cuaderno de apuntes en blanco.

*

El aforismo es poesía reprimida.

*

El poliglotismo es el flotador del conocimiento: le impide al políglota hundirse en el mar de la sabiduría.

Los curiosos se nutren de semillas de girasol.

*

La imaginación es un campo de prisioneros volátiles.

*

Pienso, luego comen…

*

El aforismo ocupa el Haber del dietario.

*

No está en la mano de la ironía evitar su doloroso
fracaso: que su críptica burla se convierta en fervoroso
elogio.

*

Solo el necio hace de la ironía pecio al que agarrarse en
la oscuridad de su naufragio racional.

*

Si vivir envilece, según Régnier, ¿amar acanalla?

La certera flecha bergaminiana del aforismo nos llega untada en curare: el único veneno que sana.

*

Luego, después existe.

*

El teatro ha de ser atroz y atarte al asiento, o no lo es.

*

Hay veces en que nuestro diccionario peca de una dicción aria…

*

¡Cuánto tierno y sinóptico "Cariño…" de los inicios no acaba en el áspero "Ca!, riño y poco más…" de la lacónica confesión final.

*

Mass is always a mess.

*

Cámaras de esperanza es la juventud.

39

Es imposible ser preceptor sin haber sido antes clarividente perceptor.

*

Hay que tener aptitudes para mantener ciertas actitudes.

*

El insomnio es nuestro diablo de la guardia.

*

¡Ay, si alguna vez el ego fuese un hago!

*

Un hablante no es siempre un dichoso.

*

Ningún escenario más romántico que la bitácora de un aforista.

*

El aforismo es sinécdoque del epifonema.

*

El aforismo: escritura acezante; sedada lectura.

El aforismo es lengua matriz de la intuición.

*

Hablar no es lo mismo que decir, ni un hablante es lo mismo que un dichoso.

*

De los juegos de palabras, éstas, ciegas, ni se enteran.

*

¡Ojalá fueran, tantas voces, bozales; tantos amores, mordazas!

*

Las erratas son el virtuosismo del azar.

*

Amores dichos, amores deshechos.

*

A cierta edad, la ambición no es ya sino *amvición*…

*

Lo fallido es el error en lo hallado.

Fallar es otra manera —antigua— de hallar.

*

Para algunos, concentrarse no pasa de ser una dispersión concéntrica...

*

La suciedad del borrador aclara lo vivido.

*

Las palabras cubren la realidad, pero no la fecundan.

*

La razón también suele ser acogedor escenario del delirio.

*

A la estupefacción no siempre se llega con lo estupefaciente.

*

El cotilleo es la cota de malla de la estupidez.

La pereza no es un mal perecedero.

*

Si para los políticos las personas tienen género, para los escritores las palabras tienen sexo.

*

Los dislates son firmes islotes del vasto archipiélago de la ignorancia.

*

También la placenta acaba volviéndose desapacible.

*

La Historia recrea y envenena.

*

¡Ningún odio es subjetivo!

*

Toda generalización es castrense; y castradora.

*

Usísono: el sí al unísono de las masas.

La Historia: abrevadero de odios y pesebre de iniquidades.

*

La condición humana no admite condiciones.

*

España es la prueba irrefutable de que el todo es diferente de la suma de las partes.

*

Algunos tienen la verdad absoluta; otros, la patria absoluta: cuando ambos son uno se da a tinieblas el totalitarismo.

*

La gastroenteritis no es entereza de estómago, ciertamente.

*

La seducción madura del arte de vestirse frente a la artesanía juvenil del desnudarse.

*

Ansiedumbre: ansiedad cotidiana.

Todos somos monos de imitación hasta que llegamos a la perfecta imitación del mono.

*

El lugar que desea ser: eso es la patria.

*

Un amo nunca es un amor.

*

La *afeitación* es familiar humilde de la afectación.

*

El coinviure *és l'apoteòsi del mercantilisme emocional.*

*

En algunos el carácter es un cráter; en otros, una crátera.

*

La envidia es *el* lugar común.

*

Cabdillficar *: entronitzar un antimonàrquic.*

Lo verdaderamente internacional son los aires… de grandeza.

*

Era tan egocéntrico que hasta *eyoculaba*.

*

No hay alegoría posible de la alegría.

*

¿Talar un árbol? Ni para armar un altar.

*

La utopía es hija de la desesperación, que es la hermana mayor del pesimismo.

*

El falo nunca es falaz.

*

El odio es un camino circular.

*

Si sería narcisista que escribía ¡ *yoh*!

¡Con qué fortaleza sostenemos nuestras debilidades!

*

La felicidad es un verbo que solo se conjuga en subjuntivo.

*

Bucle: el mejor consejo: no aconsejar.

*

La estilística etílica solo se manifiesta en los renglones torcidos…

*

Hay consejos mollares como conejos.

*

¡Si tendremos poca fe en la palabra, que hasta la verdad la desfiguramos con las manos, la manipulamos!

*

Hay escapados, pero no *excapados*.

Los políticos son taxidermistas de conceptos.

*

¡Con qué facilidad nos burla la felicidad!

*

Los trabalenguas la desatan, pero anudan el entendimiento.

*

Desistir de existir es, realmente, despejar la incógnita.

*

Never let your nerves be in charge.

*

Un antisistema no es siempre antisemita, pero un antisemita siempre es antisistema.

*

Político es aquel ciudadano que revienta de palabras las costuras de la realidad hasta que la realidad de los hechos lo enmudece.

Devenir clásico no es una cuestión de tiempo, sino de salirse de él con una obra que se meta en la médula de lo humano.

*

Una siniestra y casi imperceptible vibración separa al hombre amado del hombre armado.

*

La expresión es útil contra la depresión.

*

Mi destino es un atinado desatino.

*

Responsabulidad; defenderse con bulos de los ataques políticos.

*

Regode(g)o: Deleitarse en el yo divino.

*

El que está en todo es, para la urbanidad, un detallista; para la política, un totalitario.

El amor es el mejor afrodisíaco.

*

Donde hubo nichos antaño, no hay memoria hogaño.

*

Regalar, según cómo y qué, es regoldar.

*

Cuando te practican una didimectomía parcial te dejan cojo de cojones.

*

Comenzar mucho, diseminarse, es sembrar futuro.

*

La apariencia de solvencia política se confunde con la falsa solemnidad.

*

Quien busca la fama no tiene nada que hacer. Ir tras ella sin el mazo percutor te deja siempre donde estás, lejos de alcanzarla.

God is just goods' singular.

*

Silencio literal: los muertos no cuentan.

*

El crepúsculo de las ideologías siempre coincide con el orto del poder.

*

Despilpárrafo: Unidad mínima del discurso despilfarrador de las promesas electorales.

*

La sociabilidad española no es la construcción de un «nosotros», sino la huida de un yo en ruinas.

*

¡Cuántas veces demostrar algo no se reduce a *desmostrarlo*!

*

No te entiendo lo que dices porque dices lo que no entiendes.

Toda autobiografía es, en realidad, *alterografía*.

*

Si escribir en España es llorar, pensar es penar.

*

El populismo convierte a la masa en tumba de la persona.

*

Verberrea es el nombre de la diarrea política.

*

Siempre creemos, y hasta con vehemencia, en la verdad de los trampantojos de la memoria.

*

El paso de los años es, en la vejez, el pasto de los años.

*

Su destino solo parte del sud.

*

Hay música visual, como la hay ciega.

De la cárcel del cuerpo nunca se sale por la puerta por la que se entra.

*

La vida y la muerte juegan una partida de ajedrez sin piezas ni estrategias.

*

Hay «exquisitos» que se deshojan como esquistos.

*

Los poetas traspasan la barrera del sentido.

*

¡Ay, si las canas se volvieran lanzas!

*

Leer es una manera de ser; escribir, una forma de estar.

*

No hay viaje más largo ni *occidentado* que el que nos lleva a nosotros mismos.

Quienes están en el limbo rara vez son límbicos.

*

Los despachos del poder son las cajas fuertes de la opacidad.

*

La coherencia es, vía etimológica, hermana gemela de la duda.

*

Si en la política todo es controversia, ¿Cómo no refugiarse, con los versos, en la poética?

*

Las apostillas son comentarios de solo mediano buen ver.

*

El dolor es, a veces, un verdadero dolo.

*

Latín de latón era el suyo, más brillante que rico.

Todos somos monstruos en nuestros laberintos. Cuando los compartimos, no se multiplican las salidas, sino los perdimientos.

*

Don't hate, hesitate.

*

Recordar es ir retirando, con cuidado, las capas quebradizas del palimpsesto que somos.

*

Desvanecerse no es perder la vanidad, sino el vano que nos permite atalayar lo real.

*

Sí, un ser solidario es un sol diario…

*

El silencio es el único terreno donde medra la semilla de la sabiduría.

*

El silencio ha de ser el único paisaje del pensamiento.

Dos personas en silencio. Si juntas, yunta.

*

El silencio es lo único a lo que le temen las palabras.

*

Inaudito ha de ser el elogio del silencio.

*

El silencio ni admite ni consiente descripción.

*

¡Y que haya quien no distinga entre silenciar y guardar silencio!

*

Los áticos de lujo restauran, espacialmente, la pirámide jerárquica de la riqueza.

*

El matrimonio es, en sus inicios, una sociedad de bienes gananciales y, en sus postrimerías, una sociedad de socorros mutuos.

Los cenotafios valen por lo que muestran, no por lo que ocultan.

*

Quien calla no otorga, se purga.

*

Una persona *sexaltada* no es, necesariamente, la que fornica en un ático…

*

El esfuerzo ciego de la actividad compulsiva conduce a la melancolía.

*

El sino de vivir en el vacío que hay entre el sí y el no.

*

Una cosa es el gregarismo y otra muy distinta, el *greguerrismo*, que podría definirse como la lucha entre sí, a muerte, de los arrebañados.

*

Los dobles raseros te arrinconan, políticamente, en el trastero.

Una ideología es un ejército de ideas que me gobierna; el librepensamiento, el campo de batalla donde todas ellas se pelean.

*

El amor al terruño solo cura la opilación.

*

«Certeza» tiene un no sé qué de abrojo de camposanto…

*

Pensar es deslindar; pero ha de concluir en el definir.

*

Estar enamorado es que no se te corten nunca los labios…

*

No es por azar que futuro rime con oscuro, sino por la lógica del predicado.

*

No hay adicción que no acabe en *a-dicción*: el horror sin palabras, que es lo propio.

Una cosa es un francmasón y otra, acaso no tan distinta, un *francmalsín*.

*

No hay como desear ardientemente una meta para que se convierta en ciénaga de ceniza el camino hasta ella.

*

Si el hombre es el único animal que tropieza dos veces con la misma piedra; el político es el animal que la pone.

*

La realidad es un lugar común en el que nos instalamos individualmente.

*

Un círculo de amistades tiene mucho de soga con nudo corredizo.

*

Juan Ramón poseía la poesía.

*

No hay etimología sin *estimología*.

La vida es una constante reedición de la primera
rendición.

*

El nacionalismo es una derivada de la megalomanía
y el egoísmo en un lugar dado.

*

Mientras mientes, simiente siembras.

*

Quien nombra al diablo, lo llama; quien lo llama, lo
inflama.

*

De las identidades pétreas solo salen esculturas muertas.

*

A veces, una mayoría absoluta en el Parlamento lleva al
parlabsolutismo.

*

Leer es reiterar el goce de pecar. Y pecar es reiterar el
gozo de vivir.

Somos diáfana diacronía y frágil palimpsesto.

*

Entre vencer y ser vencido, lo propio es vencerse.

*

Las frases redondas no te llevan muy lejos, pero siempre te alejan de la verdad.

*

Precisión, concisión, incisión: Trinidad del estilo.

*

La médula de la realidad es el deseo.

*

Una cosa son las vitaminas y otra muy distinta deberían ser las *vitánimas*.

*

Cuando se te llena la boca de «el pueblo», se te despuebla de razones.

Eso tiene de injusta la vanidad: siempre se prefiere el elogio de quienes nos los escatiman.

*

La política es un juego *diavótico*.

*

La solidaridad universal es la última perversión del egoísmo narcisista.

*

El único sí verdadero del amor es el siamés.

*

Paradójicamente, el turismo de masas está lleno de experiencias únicas… cuentan.

*

Si del no sacamos noes, ¿no es cierto que deberíamos sacar yoes del yo?

*

No siempre el optimismo navega en *Optimist*.

La *testuzdurez*, ateniéndonos al aforismo machadiano, es rasgo antropológico de lo español.

*

Cuando el buenismo sentimental campa a sus anchas, la razón se refugia en los cuarteles de invierno del silencio.

*

Cada vez que oigo «pedagogía política», me veo castigado de cara a la pared.

*

¿Y a mí que me parece que en vez de «tonto perdido» debería decirse, más propiamente, «tonto hallado»?

*

No hay noviazgo sin frescura ni divorcio sin heladura.

*

¡Tiene tanto, la política, de hablar al buen tuntún sin ton ni son!

*

No es justo, ¡ay!, que el amo esté dentro del amor…

La *maldic(c)ión* de la palabra es dar carta de naturaleza a lo inexistente, salvo en su osada voz.

*

La memoria es una patología del olvido.

*

Ya es curioso que la razón de Estado solo apele al ser (o al seguir siendo).

*

En el *en-ardecimiento* mitinero los eslóganes se convierten en cenizas.

*

El amor no es ciego, sino preciso observador en el ser amado de lo que solo el enamorado ve en él.

*

El singular es el más avieso de los disfraces de la realidad.

*

La segunda mano es mi mano literaria preferida.

Con las palabras nunca se tiene la última palabra.

*

A quienes se les resisten los libros se les rinde la política.

*

Para muchos, las palabras son instrumento de la burla; para la mayoría, sin embargo, providencial burladero.

*

¡Cuantísimo llena la boca de un político la «identidad»! Tanto como vacío ideológico hay en su cerebro: ¡único caldo de cultivo!

*

La punta de la lengua es la aldaba de la memoria.

*

La razón es una sociedad anónima en la que no todos poseen el mismo número de acciones.

*

Las maneras de decir son, a menudo, el único fondo de lo dicho.

Quien « *hecha* en falta» es, además, perezoso, por la hache donde se sienta para lamentarse.

*

La sexualidad es, básicamente, una sabia combinación de lo prono y lo supino.

*

Solo somos prójimos propios de lo próximo.

*

En la Semana Santa española todas las calles españolas se vuelven encrucijadas.

*

La doblez política nos hiere; la endeblez nos mata.

*

Si practicáramos el único capitalismo al alcance de todos, hablar con propiedad, ¡qué riqueza tan bien repartida tendríamos!

*

Contra la testarudez, mutis y mudez.

No hay facultad que no sea una dificultad vencida.

*

No buscamos tanto conocer la realidad cuanto casarnos con nuestra opinión.

*

Paradójicamente, la envidia ciega.

*

El espejismo es mera destilación del agotamiento.

*

Qué ironía que «facilidad» y «felicidad» sean voces tan próximas y tan poco prójimas!

*

Cuando la desorientación choca con lo real, la demagogia se ofrece como la única vía hacia ninguna parte.

*

Cuando una discusión se va por los cerros de Úbeda, ¿no deberíamos llamarla *discursión*?

¡La sutil maldad de las piedras a la hora de elegir el camino por el que hemos de volver a pasar!

*

La política ha de ser toda ella vida; pero la vida no puede ser toda ella política.

*

Jugar de vocablo es juzgar con venablo: clavar la sentencia.

*

El dolor solo remite cuando nos consuela la respuesta del destinatario.

*

No acaba de entenderse que estupor sea voz poética y estupidez voz prosaica.

*

La política tiene un sí sé qué de barbería: lo primero, paños calientes.

*

La política es el arte de posponer la epifanía de lo obvio.

68

Muchedumbre, guste o no, rima inescrupulosamente con pesadumbre.

*

¿Qué puede esperarse de un país que convierte *auténtico* en un insulto?

*

La derrota de nuestros fracasos es dirección de sentido único, y lo consentimos.

*

No siempre es sabio dar la espalda a la espada.

*

La intimidad es la mismidad embutida.

*

Si la Biblia es el libro de libros; ¿el humor es el sentido de sentidos?

*

El insomnio, aun pudiendo, nada tiene que ver con el ensueño.

Empecinarse suele empecerlo todo.

*

De la ralea de lo real…

*

Always lost in lust…

*

¡Cuántas veces lo que nos parece magnífico no es sino triste deturpación de lo magno!

*

Pues parece imprescindible que en todo erotismo haya una fuerte dosis de erostratismo…

*

En el periodismo moderno, los testimonios individuales de los damnificados impiden ver el bosque de los hechos.

*

¡Ay, la dicha, la dicha…! ¡Menuda bicha!

Cualquier autobiografía es, literalmente, una *indagación*, como bien lo vio Valéry cuando dijo que *se ha de entrar en uno mismo armado hasta los dientes...*, con arma blanca, la más luminosa.

*

La envidia y la admiración siempre tienen cuentas pendientes.

*

Hay quien escribe para descubrirse a sí mismo y acaba cubriéndose con su descripción.

*

¡La barbullada soberbia del imberbe!

*

La adversidad no siempre se transforma en el epigrama con que se presenta.

*

La pereza intelectual es el alma del pueblo, de cualquier pueblo.

Querer tener un mundo propio es una flaqueza de la ambición.

*

Si tendrá mala fama el bien, que unimos malentendido y nos negamos a hacer lo mismo con *bienentendido*.

*

¿Un *dioscurso* es un discurso con dobleces?

*

Extrañas películas los sueños, en los que se está actuando y detrás de la cámara al mismo tiempo.

*

Solo a la fuerza amasa la masa.

*

El desatino es la sobreactuación del destino.

*

Saber salir del poder acaba teniendo más importancia que llegar a él.

Lo insoportable de verdad es la leve edad del ser.

*

La inquietud es el grado cero de la angustia.

*

Tautología: nos definen nuestros límites.

*

La nostalgia es una miel amarga.

*

Saber elogiar es un arte que solo se domina a la perfección cuando pasas del elogio al *eulogio*.

*

Ninguna evidencia se despega de su raíz visionaria.

*

Generalizar militariza el pensamiento.

*

Lo filosofado siempre te deja un turbio poso de *saudade*…

La frivolidad es el traje ceremonioso de la frigidez.

*

Políticamente, advierto que se piensa más con cepos que con conceptos.

*

Un *visioso* tanto puede ser un mirón como un vigoréxico.

*

Ensimismarse es un modo de habitar en el abismo.

*

Una errata corregida es una ignorancia vencida.

*

Los puntos suspensivos son el bajo continuo de la vida…

*

El verdadero turismo ha de ser siempre *rutismo*, no lo olvidemos.

Falso oxímoron: mediocridad total.

*

Un hombre libre no posee patria alguna. Cuando la
patria lo posee, lo reduce a la más oprobiosa esclavitud.

*

Los gritos de la desmesura hiperbólica son el
trampantojo de la censura de la razón.

*

La fidelidad a la ficción de la Historia conlleva la
infelicidad de la realidad de quienes la sufren.

*

En la primera capa del palimpsesto que somos habita el
animal que se agazapa al acecho.

*

La descalificación indica una alarmante descalcificación
de la arquitectura ósea del discurso.

*

Por lo general, la soledad solo es, lamentable o
afortunadamente, cuestión de edad.

Enajenacción, tienes nombre de pasión.

*

Sí, por extraño que literalmente nos parezca, hay quienes le tienen alergia a la alegría.

*

El tiempo es un enigma en cuya resolución perdemos la vida.

*

La verdadera lectura no ensancha la vida: es un empecinado sinvivir...

*

No hay mar que por bien no venga y vaya y venga y vaya y venga y vaya...

*

Los umbrales son las semillas de las fronteras.

*

No hay preguntas inútiles: todas lo son. Las útiles son el camuflaje retórico de una afirmación.

La narcopolítica trafica con sueños inducidos.

*

¿Quién absolverá a quienes no perdonan ni una?

*

¡Lo que saldríamos ganando si todas las declaraciones políticas fueran, realmente, *declaracciones*!

*

La paz es el espejismo de una tregua en la ineludible guerra interminable que somos, donde estamos.

*

Desconocer no es ser inculto. Ser inculto es no querer conocer.

*

La fatalidad es el camino, no el destino.

*

¡Hasta en el olvido hay puertas giratorias!

Siempre somos el otro de un yo inexpugnable.

*

¡Hay tantos autoestopistas de las utopías en la izquierda!

*

El humor mal entendido no entiende de afectos, sino de defectos.

*

¡Qué propio es tener afán de protagonismo!

*

La *exocrítica* es el reverso de la autocrítica; ambas, una moneda con diferente valor en la cara y en la cruz.

*

La humildad genuina, entre tantísimas imposturas, es un tesoro inhumado.

*

El sectarismo no es sino un trompicón lingüístico del cesarismo.

¡Y que en nuestra sociedad el único valor nominal sea el de la acción bursátil

*

El mal de la patria era el conformismo en la desidia; ahora lo hemos sustituido por la insatisfacción patológica del delirio.

*

Cualquier discurso puede llevar al Poder; pero el Poder no avala cualquier discurso.

*

«Sí» es palabra de poco coste y mucho gasto.

*

Cualquier folclore es un palimpsesto de la superstición.

*

¡Lo que les complica la vida a tantos la difícil sencillez de la bondad genuina!

*

En política, todas las respuestas simples, esconden demagogias complejas.

Los símbolos son la expresión máxima de nuestra ínfima racionalidad.

*

Solo la tiranía del mí mismo es elegida democráticamente por mayoría absoluta del yo.

*

Cualquier teoría es siempre un fiordo divino.

*

Hay más capitalistas de la verdad que del capital.

*

« *Te intuyo*», dijo, como absoluta declaración de amor…

*

Ningún concepto más cojo y absurdo que el de «carrera literaria». Triste *fulatletismo*.

*

El instinto solo vive de instantes.

La libertad es la fantasía evasiva de la determinación biológica.

*

Si serán expansivas las preocupaciones, que se apoderan de ti mucho antes de convertirse en ocupaciones.

*

La única felicidad posible es la imposible de no haber tropezado nunca con el concepto de felicidad.

*

Las parejas longevas pierden doblemente la concepción real del tiempo.

*

La democracia es ese virtuoso sistema político en que una mayoría de ignorantes hemos de elegir cada cuatro años no a quienes más saben sino a quienes mejor nos embaucan.

*

El amor no admite «soluciones» porque no es un «problema».

¿De qué se ríe Buda? De los neuróticos.

*

En la primera juventud tienes ideas brillantes y una expresión sombría; en la senectud, una expresión luminosa y unas ideas mortecinas.

*

Haber vivido es simplemente darse cuenta de estar viviendo, en presente continuo.

*

A menudo, quien más te interrumpe el discurso, buscando precisión en las afirmaciones o nitidez en los conceptos, es quien mejor te escucha. Muchos creen, sin embargo, que son aquellos que enseguida te dan la razón.

*

La ansiedad es una patología del deseo.

*

La fotografía no es en modo alguno la aspiración absurda de la pintura; pero esta es el argumento de autoridad de aquella.

Los aforismos o provocan o no son aforismos, sino *alfombrismos...*

*

La institución escolar es una empaquetadora de empecatados.

*

Always aloof of my foolishness.

*

La fidelidad, en política, es fe de labilidad.

*

¡Qué raro se me hace que, de ese matrimonio tan bien avenido entre la necedad y la pesadumbre, no haya destilado el pueblo la sin par *necedumbre*!

*

Envejecer no es más que ejercer plenamente la vida.

*

La ingenuidad es la madre del deseo.

Una persona sin secretos es un puente entre la nada y la insignificancia.

*

Quienes viven en el nosotros esconden su rancio narcisismo mayestático.

*

Las palabras nos construyen más de lo que nosotros podamos construir con ellas.

*

¡No hay eros sin erosiones!

*

¡Descubrir, finalmente, el genio oculto de la ingenuidad!

*

Prejuicios, ¿quién no los tiene? ¡Pero líbrenos Temis de los prejuicios sumarios!

*

El voto útil es la negación de la realidad: un trampantojo bonito de ver, pero imposible de gobernar.

Si el amor nubla la razón, la política la sofoca.

*

Entre-tenerse es entretejerse en la ficción de la vida amena; *di-vertirse* es, por el contrario, apartarse de ella, verla desde lejos y reírse de su burla infame.

*

En según qué discursos, la ironía es siempre un alioli cortado que no se sostiene...

*

Las expectativas son, a menudo, grandes ilusiones de andar por casa...

*

Una lengua no es más que una alianza para preservar el bien impagable de la comunicación.

*

Con lo que el vulgo divulga la Academia comulga...

*

Los mejores recuerdos son los que vendrán...

A cierta edad uno ya no tiene sino *retropósitos*…

*

Solo el conocimiento entrañado es verdadero y nuestro.

*

¡Para ciencia, la paciencia!

*

Dar por consabido es otra manera de ignorar.

*

El pasatiempo favorito de la realidad es instalarse entre nosotros y pasar desapercibida…

*

La dicha es el silencio, de hecho.

*

El lenguaje figurado convierte a un ser en persona.

*

At certain age, one always hears "get lust!" instead of the bitter one "get lost!"

Para algunos, el drama de «ser» es que, en su presente, se reduce al escueto «es».

*

Los aficionados al «soy…» copulativo suelen tener orgasmos secos.

*

La verdadera humildad, paradójicamente, no levanta polvo cuando se manifiesta…

*

Si seremos ególatras que lo que más celebramos es aquello «que nunca se nos hubiera ocurrido».

*

La razón nos hace libros.

*

Nada lastima tanto como la lástima.

*

Si la vida es un «sinvivir» permanente, ¿será la muerte un «sinmorir» constante?

Saber perder es la mejor manera de ganar.

*

La luz que ciega no ilumina…

*

La espontaneidad es siempre un puente de cordialidad hacia los otros.

*

Reconocer el mérito ajeno es el fundamento de la concordia civil.

*

Agostarnos es otra manera de florecer.

*

Fiar la vida al acaso solo arrienda el fracaso.

*

La dignidad es la forma menos lesiva del amor propio.

*

¿Es la abstracción la negación de la caricia?

En política, todo lo que ganamos de agoreros lo perdemos de ágora.

*

Las biografías de los autores no explican sus ficciones; pero no hay ficción que no sea autobiográfica.

*

«Quedarse» es darse a uno mismo el queo para salir corriendo a otras reflexiones.

*

Paráfrasis (Edgar Morin): *whole is a hole full of* **w***estions*...

*

Se necesita una sólida experiencia para llegar a la liviana y alegre irresponsabilidad...

*

El oportunismo político es la degradación de la estrategia y los ideales.

Las hecatombes solían hacerse antes y después de las feroces *hecatombres* bélicas.

*

El carácter es el sucedáneo perfecto de la fatalidad.

*

El orgullo es coprófago; se alimenta de nuestros excrementos.

*

Muchos son los que confunden «sentar cátedra» con sentarse en ella...

*

El nacionalismo es la levadura racista de la masa...

*

Las palabras siempre han sido una aproximación a lo real, un fallido intento de suplantación. Por eso, cada vez que ocurre algo que nos sobrepasa, decimos, ¡qué paradoja!, que nos quedamos sin ellas...

Los egocéntricos siempre viven en el extranjero…

*

Nada más tóxico que el «mismo» de «uno mismo».

*

A un ignaro soberbio lo que más le sorprende es que, para ser culto, se haya de estar «cavando» todos los días…

*

El rumor es una puñalada sin mano asesina.

*

¡Cuántas veces identificamos como «lucidez» lo que no es sino mero «deslumbramiento»!

*

Si sería desalmado, que tenía afueras internas, en vez de fuero interno.

*

Cuando se sigue el hilo de la realidad se desmonta el ovillo del delirio…

Si sería hipotáctico, que solo ponía comas suspensivas,,,

*

Contar historias es siempre interesante; «instalarse» en ellas, necesario.

*

¿Somos los escritores *arquitextos* del lenguaje?

*

Nunca como en la vejez el cuerpo se convierte en un atlas geográfico del dolor que oculta el político del deseo.

*

¿No serán las mentiras la única vía torcida que tiene la verdad para revelarse?

*

No hay clásico aburrido; sino lector, o espectador, deficientemente formado.

*

Los cumpleaños son, sin excepción, metas volantes…

El Todovalismo amoral del siglo XXI es más pernicioso que la propia ignorancia supina…

*

Es difícil hablar con quien solo quiere conversar largo y rendido…

*

De las huellas, huir de ellas…

*

¡Qué extraño almizcle indescifrable se almacena en las cárdenas bolsas oculares de los lectores empedernidos!

*

La razón busca a menudo refugio en la sólida coraza del corazón: ¿dónde mejor protegida y alimentada?

*

El «ego», ese ser de tan pocas letras y discursos eternos…

*

Azar es la sublimación de la impotencia.

Nope is the Hope after an earthcuaque.

*

Hemos de vigilar que las hipótesis no busquen el torpe consuelo de las hipóstasis...

*

Solo el verdadero misántropo vive en una casa sin espejos.

*

Venimos de las cuevas y buscamos los rincones.

*

Jamás en procesión: ni con velas ni con antorchas.

*

La mueca es el alma de la cara que ni se mira al espejo.

*

¡Quién nos iba a decir que nuestra vida no estaba en la suma de todo lo que conforma nuestra vida!

La ambición ególatra es a menudo la granítica cara estúpida de una brizna de inteligencia.

*

La falsa modestia es la hermana pobre del orgullo.

*

La vejez no es otra cosa que la conversión del tiempo: de enemigo, en mortal enemigo.

*

Variación: «De todo se aprende en la viña del Señor...».

*

Para clasistas, las palabras, que no admiten ciertas compañías.

*

Nothing easier than to fall in love; nothing harder than to love in the downfall.

*

Donde haya una buena mentira, que se quite cualquier remiendo de verdad...

Nunca soy más «escritor» que cuando no escribo...

*

Aparentar saber es el perfecto maquillaje de la ignorancia.

*

El estereotipo es la pereza del análisis y la ceguera de la teoría.

*

Las trincheras son la perversa adaptación, al nivel de los quintados, de las orejeras de las caballerías.

*

¡Cuánto nos cuesta aceptar la opinión ajena desde la celda de castigo de la nuestra!

*

El periodismo de trinchera es otra forma —excavada— de ponerse orejeras.

*

A la mentira piadosa le cuesta abrirse paso entre la hipocresía social y la sinceridad hiriente.

Quien conoce el paño sabe de dónde viene el daño.

*

Hay quienes no se resignan a creer que la longanimidad
nada tenga que ver con las longanizas.

*

It takes time to be on time for the time being...

*

A big deal always comes from a big lead.

*

To be aware means to be at war with us.

*

Está comprobado: la autoayuda siempre acaba
atropellándote.

*

Leer no es vital, pero ¡qué poca vida hay en la que no se
lee!

La oratoria o es «forense», disecciona y descubre, o es manto de charlatanería.

*

Desear y creer todo es empezar; el cuento de nunca acabar... bien.

*

Hay individuos tan frígidos emocionalmente que hasta sus abrazos son intransitivos.

¿Un fracaso amoroso es un desenlace?

*

Solo la prudencia nos libra de la impudencia.

*

Prever es descifrar el todopoderoso Azar.

*

El juramento es la ornada puerta de entrada al cómodo salón de la pasividad.

¿El acto justo? *Ipso facto*!

*

Quiere bien, te quieran bien o mal.

*

La nobleza es el roble del «lugar ameno» de la virtud.

*

A los amigos, el favor solo se les puede hacer con fervor.

*

La súplica siempre es una abierta plica de agravios.

*

Complacer es un placer de dos direcciones.

*

Lo sagrado abre ante nosotros la herida de lo insólito en el devenir.

*

Hablar es una necesidad; escribir, un lujo.

¡Ay del sabio que aleja de sí a los ignaros! Falena será de su propia luz.

No hay verdadero dar que no sea darse…

*

Hacer «lo que toca» es tocar el nervio del deber.

*

La esperanza es la sangre del deseo.

*

Quien dilapida se *autolapida*.

*

La discordia es el latido roto del cuerpo social.

*

Injuriar es hablar con espuelas.

*

¡Bajo qué terrible dorondón se nos alborota siempre la violencia…!

La amabilidad es embajadora plenipotenciaria del bien.

*

La determinación lo inicia todo.

*

La duda paraliza; la deuda descabella.

*

Con el agradecer se nace...

*

Re-sentimiento, porque lo retuerce.

*

Un riesgo calculado es como la domesticación del instinto.

*

Los augures duermen sobre hojas de aza(ha)r.

*

Que a tu dar generoso no lo acompañe la revolera de la superioridad.

Los niños modosos son un encanto; los traviesos, encantadores.

*

Hez de la madurez es la deshonestidad.

*

Morir sin dolor alivia el dolor de morir.

*

El temor al ridículo es la coraza liviana de la sensatez.

*

Toda decisión, etimológicamente, es traumática.

*

¡En cuántos el discurrir no procede de *discurrere*, sino de *decurrere*, «correr hacia abajo, precipitarse...»!

*

Pareja: ser uno en dos que son dos siendo fielmente cada uno para ser dos en uno.